AWYATÓ-PÓT

TIAGO HAKIY
ILUSTRAÇÕES: MAURICIO NEGRO

HISTÓRIAS INDÍGENAS PARA CRIANÇAS

Paulinas

Dados Internacionais de Catalogação na Publicação (CIP)
(Câmara Brasileira do Livro, SP, Brasil)

Hakiy, Tiago
    Awyató-pót : histórias indígenas para crianças / Tiago Hakiy ; ilustrações Mauricio Negro. – São Paulo : Paulinas, 2011. – (Coleção o universo indígena. Série raízes)

    ISBN 978-85-356-2840-1

    1. Contos indígenas brasileiros - Literatura infantojuvenil   I. Negro, Mauricio. II. Título. III. Série.

11-11199   CDD-028.5

Índices para catálogo sistemático:

  1. Contos indígenas : Literatura infantil   028.5
  2. Contos indígenas : Literatura infantojuvenil   028.5

1ª edição – 2011
6ª reimpressão – 2023

Direção-geral:	*Bernadete Boff*
Editora responsável:	*Maria Alexandre de Oliveira*
Assistente de edição:	*Rosane Aparecida da Silva*
Copidesque:	*Ana Cecilia Mari*
Coordenação de revisão:	*Marina Mendonça*
Revisão:	*Mônica Elaine G. S. da Costa*
	Sandra Sinzato
Gerente de produção:	*Felício Calegaro Neto*
Produção de arte:	*Wilson Teodoro Garcia*

Nenhuma parte desta obra poderá ser reproduzida ou transmitida por qualquer forma e/ou quaisquer meios (eletrônico ou mecânico, incluindo fotocópia e gravação) ou arquivada em qualquer sistema ou banco de dados sem permissão escrita da Editora. Direitos reservados.

Paulinas
Rua Dona Inácia Uchoa, 62
04110-020 – São Paulo – SP (Brasil)
Tel.: (11) 2125-3500
http://www.paulinas.com.br – editora@paulinas.com.br
Telemarketing e SAC: 0800-7010081
© Pia Sociedade Filhas de São Paulo – São Paulo, 2011

*Dedico este livro aos curumins mawés,
valentes como Awyató-pót.
Em especial, aos meus filhos
Henrique Tiago e Vinícius Augusto.*

ÍNDIO E TRADIÇÃO

Vestidos por florestas

Singramos rios

Singramos a ternura das nuvens

E aqui chegamos.

Peito aberto, cultura e coração

Trazemos o canto do vento

O piar das corujas e do gavião.

A lembrança de dez mil anos

De dez mil flechas

E todos os versos de nossas tradições.

Somos guerreiros

Guerreiros sem flechas e tacapes.

Lutamos com palavras

Defendendo a cultura de nossos povos

Preservando a identidade de ser índio

Ameaçada de extinção.

Nascemos para o conto

Para a beleza das histórias

Para a poesia e sua emoção.

O tempo não é mais de lamento

O tempo é do ritual das palavras

Em versos

Em sonhos...

Que nos dissecam a alma

E revelam aquilo que somos

Índio e tradição...

Índio e tradição.

Nascimento de Awyató-pót

Muito antes de o Rio Andirá surgir, o povo Mawé vivia andando de um lugar para outro, sem ter moradia certa. O rio mais próximo – o Amazonas – ficava muito longe.

Um dia o povo Mawé, por ordem do velho painy, construiu sua aldeia próxima a um lugar onde existiam muitos pés de pequizeiro. O grande guerreiro Pirá, que na época era o tuxaua desse povo, gostava de juntar as frutas caídas no chão para levar à sua aldeia, principalmente para sua esposa Móy, que ficava em casa esperando.

Certa vez, Pirá demorou para voltar e, ao perceberem sua ausência, os homens da aldeia foram atrás dele. Depois de alguns dias procurando, eles voltaram para casa com uma triste notícia para Móy: não haviam encontrado Pirá. Ela chorou a noite inteira.

No dia seguinte ela foi à procura do seu marido. Do meio da floresta, Móy chamou seu amado pelo nome, mas ele não apareceu. A Mãe do Mato, vendo tanto sofrimento, veio consolá-la.

– Minha filha, não chore, seu esposo foi encantado pela grande jararaca, e infelizmente ele nunca mais vai retornar. Volte para casa, encontre outro Mawé e case.

Ela não se conformou e continuou a caminhada pela floresta. Andou tanto que se afastou da aldeia e não conseguiu achar o caminho de volta. Então, parou debaixo de um grande pé de uixizeiro e se pôs a chorar, e suas lágrimas eram tantas que se transformaram em um rio, o Rio Andirá, em cujas margens os Mawés fixaram sua aldeia.

Móy se transformou em cobra grande e foi morar no fundo do rio. Nas noites de temporal ela volta a ser mulher e vem visitar a tribo. Em uma dessas noites o gavião real, que se encontrava sob a forma humana, viu aquela linda índia andando no meio da aldeia. Assim, foi ao seu encontro, se transformou em gavião e a levou lá para o galho de uma alta castanheira e brincou com ela.

Algum tempo depois, em uma noite de temporal, Móy trouxe o filho que teve com o gavião real e o deixou no meio da aldeia. Na manhã seguinte, logo após o sol nascer, os Mawés acordaram e viram aquele menino; então, o levaram para o velho painy, que o reconheceu como descendente da tribo e o batizou como Awyató-pót.

Desde cedo o menino mostrou suas habilidades e seu espírito de liderança. Não havia um curumim que fosse tão bom quanto ele para nadar. Bom pescador, quando saía, sua canoa voltava sempre cheia de peixes. Dessa forma, ele foi crescendo como um indiozinho amado por todos.

O velho painy uma vez chamou Awyató-pót e contou sua história, a mesma que os espíritos da floresta lhe contaram. Daí em diante, toda tarde, durante o pôr do sol, o pequeno ia até as margens do Rio Andirá, na esperança de ver sua mãe. Mas ela nunca apareceu. Nem tampouco o gavião, que desde a noite em que seduziu a mãe do pequeno nunca mais foi visto na aldeia, pois se mudou para bem longe, no meio da floresta.

Awyató-pót e a origem da Noite

Quando o grande Tupana terminou de criar o mundo, deu-o ao povo Mawé. Só não entregou a Noite, pois esta ele escondeu no fundo do rio. Sabedora do lugar onde a Noite estava, a Surucucu, silenciosamente, acompanhada de seus irmãos encantados, a usurpou. Assim, a velha e brava cobra aprisionou a Noite dentro de um caroço de tucumã, escondendo-o no fundo da sua casa, uma caverna no meio da floresta, vigiada pela Jararaca, pela Aranha-Caranguejeira, pelo Lacrau e pela Centopeia.

Por causa disso, o povo Mawé vivia sempre cansado, pois o dia nunca chegava ao fim para que pudessem dormir. Os índios trabalhavam e caçavam o tempo todo. O sol nunca se escondia, o que significava que eles estavam sempre fazendo alguma coisa.

Naquela aldeia morava Awyató-pót, que, por ser guerreiro valoroso, bom pescador, enganador de curupira e inventor de sonhos brabos, foi incumbido pelo painy de achar a Noite.

Awyató-pót chamou seu povo e despediu-se. Pegou seu arco feito de paxiúba – madeira que não quebra fácil – e também suas flechas – belas flechas certeiras –, com as quais Awyató-pót tinha matado muita caça para saciar a fome de seu povo.

Assim o bravo guerreiro seguiu pela floresta adentro para resgatar a Noite, a fim de que os Mawés pudessem dormir, descansar e, assim, sonhar.

O destemido guerreiro andou... Passou muito tempo caminhando até chegar à caverna onde a Surucucu guardava a Noite. E da entrada ele falou:

– Surucucu velha, vim buscar a Noite para o meu povo. Aqui deixo em troca meu arco, para poder caçar e pegar o que desejar comer.

A Surucucu olhou o guerreiro Mawé e lhe respondeu:

– Infelizmente, não posso aceitar seu arco. Como vou poder fazer uso dele? Não tenho mãos! Não quero seu arco nem suas flechas, volte para o seu povo, a Noite continuará comigo.

O valente Awyató-pót, embora não tivesse desistido, retornou à sua aldeia. Muito tempo depois, voltou à casa da Surucucu, levando em seu paneiro uns nhá'ãpé – uma espécie de chocalho que o povo Mawé utiliza em noite de festas, para chamar os espíritos bons da floresta.

Surucucu, de longe, viu Awyató-pót chegar.

– Aqui estão estes nhá'ãpé, que lhe trago. Amarre-os em sua perna, para enfeitá-la, e você ficará muito bonita e poderá dançar chocalhando.

Surucucu olhou para a mão do Awyató-pót e respondeu:

– Não tenho pernas! Não vê que me movo arrastando o corpo?! Mas pode amarrá-los em meu rabo, vai ficar bonito.

Awyató-pót amarrou os chocalhos no rabo da Surucucu e, a partir de então, toda vez que a cobra fica brava, com vontade de morder, ela balança o rabo, fazendo *chêeee, chêeee, chêeee*, chocalhando para avisar que está por perto.

A Surucucu gostou do presente, mas mesmo assim a esperta não entregou a Noite a Awyató-pót. O valente guerreiro voltou para a sua aldeia.

Depois de um tempo, voltou trazendo potes de veneno.

– Surucucu, eu lhe trouxe veneno... Me dá a Noite!

– É de veneno que eu preciso, por isso vou lhe entregar a Noite – respondeu a cobra.

Então a Surucucu chamou seus parentes encantados e dividiu com eles o veneno. Apenas duas irmãs suas não receberam: a Cutimboia e a Caninana; as duas eram bravas e estavam brigadas com a velha e brava cobra.

Ela entrou na sua caverna, teceu uma cesta de inhambé-cipó grosso e resistente da floresta, colocou a Noite dentro e entregou a Awyató-pót.

Os parentes de Awyató-pót, que assistiam a tudo, escondidos no meio do mato, quando o viram sair com a cesta da casa da Surucucu, foram logo a seu encontro perguntando:

– O que tem dentro da cesta? É verdade que é a Noite?

– É verdade! – respondeu ele. – Mas só podemos abrir quando chegarmos à aldeia... Foi a Surucucu que me deu essa orientação.

Mas os parentes de Awyató-pót não resistiram à curiosidade e, de tanto insistirem, ele acabou abrindo a cestinha. Da cesta de inhambé feita pela Surucucu saiu a primeira Noite. Os companheiros de Awyató-pót ficaram apavorados e correram às cegas para bem longe.

Como tinha ficado sozinho no meio da Noite, o guerreiro pôs-se a gritar:

– Tragam a Lua! Tragam a Lua! Está muito escuro, não consigo ver nada.

Os parentes da Surucucu que estavam por perto ouviram o grito e, no escuro, cercaram Awyató-pót. A Jararaca, que é irmã da Surucucu, mordeu o dedo do pé de Awyató-pót. Ele sentiu dor e gritou. Mas reconheceu a Jararaca e disse:

– Conheço sua mordida, sei quem você é... Meus parentes vão me vingar.

Awyató-pót morreu por causa da picada da Jararaca.

Mas Awyató-pót era guerreiro valoroso, bom pescador, enganador de curupira e inventor de sonhos brabos, e foi pela sua esperteza que dias atrás, antes de voltar à casa da Surucucu, já prevendo algo, fez trato com um parente seu: caso ele morresse, o parente deveria ressuscitá-lo. Assim, quando soube da morte, esse parente foi a seu encontro, pegou seu corpo e banhou com folhas mágicas da floresta.

Awyató-pót ressuscitou, viu o clarão do Dia e percebeu que a Noite tinha acabado. Voltou para aldeia e pegou potes e mais potes de veneno e levou para a Surucucu. Chegando lá disse:

– Desta vez quero a Noite grande, a Noite em que podemos dormir à vontade, inventar nossos sonhos e descansar nossos corpos. A outra Noite foi muito curta, não a quero mais, quero a grande, por isso trouxe muito veneno.

A Surucucu, que havia gostado do veneno e queria mais, pegou a Noite e, para que ela ficasse maior, misturou jenipapo com todas as imundícies que encontrou. A grande Noite dada aos Mawés foi feita de imundície. É por isso que de noite sentimos tantas dores no corpo, a boca fica amarga e malcheirosa, temos pesadelos, sentimos medo... Além disso, é nesse período que a coruja agourenta canta anunciando a morte de alguém.

Awyató-pót retornou à sua aldeia levando dentro do cesto a grande Noite. Então a entregou para os Mawés e, desde que isso aconteceu, eles puderam descansar, ver a Lua chegar, ouvir os sons dos pássaros noturnos e sonhar no escuro silencioso da Noite.

Awyató-pót e o Juma

Fazia muitas luas que o povo Mawé vivia triste, pois, toda primeira noite de lua cheia, o grande Juma – bicho peludo com um só olho no meio da testa – vinha buscar vários índios para fazer seu banquete.

Quando criança, Awyató-pót perdera muitos parentes. Tinha chorado muitas vezes. Seu coração se encontrava cheio de raiva do Juma e de saudade por aqueles que o grande monstro comera. Dizia que, quando ficasse adulto, daria um jeito de aprisionar o grande Juma num caroço de tucumã.

O menino cresceu e virou um índio forte, de cabelos compridos. Além disso, era bom flechador.

Numa noite de lua cheia, o grande Juma veio e levou de uma só vez cinco índios. Awyató-pót não pôde lutar contra o grande bicho, pois ele era enorme e amedrontador. Pensativo, ficava horas procurando um meio de aprisionar o malvado.

Uma vez o velho painy disse que o bicho feio morava numa caverna bem longe, no meio da floresta... Era para lá que levava os índios a fim de comê-los.

Awyató-pót passou duas luas preparando-se para ir atrás do grande Juma: fez muitas flechas, aprumou bem seu arco de paxiúba, amolou sua kisé e, antes de sair, foi à aldeia visitar o velho painy para que o orientasse e lhe desse as bênçãos.

Era uma bela manhã quando ele saiu. Os passarinhos cantavam lhe desejando boa sorte.

Confiante no sucesso de sua viagem, passou o dia caminhando... Parava apenas de vez em quando para apanhar algumas frutas e se alimentar. No meio da viagem, Awyató-pót viu as pegadas do grande Juma e ficou com medo. Sentiu, então, uma enorme vontade de voltar, mas ele não podia decepcionar seu povo. E continuou sua caminhada.

Já era noite, quando se aproximou da casa do monstro. A caverna onde ele morava era um buraco bem grande no fundo da terra, e dava medo. Ao redor do buraco havia montes e montes de ossos espalhados. Eram os velhos parentes que o Juma comera.

Diante da cena macabra, Awyató-pót ficou mais valente e estava decidido a dar um fim àquela matança. Não permitiria que o tal Juma continuasse assustando os Mawés.

Conforme as orientações do painy, Awyató-pót cortou, com sua kisé, uma vara bem comprida capaz de tocar as estrelas. Nela fez uma ponta bem afiada e cutucou no buraco onde era a casa do Juma.

Cutucou com tanta força que feriu a cabeça do monstro. Sentindo dor, o malvado deu um urro muito forte que assustou os animais da floresta. Até lá na aldeia, que estava bem longe dali, o povo Mawé escutou.

Ferido, o Juma saiu do buraco muito bravo. E Awyató-pót pegou seu arco, escolheu rápido uma flecha e mirou bem no meio da testa do monstro, na direção do olho. A flechada foi certeira.

O grande monstro caiu fazendo a terra tremer. Awyató-pót, rapidamente, pegou as mãos do grande Juma e amarrou bem forte com fios de cipó-titica. Em seguida, abriu um caroço de tucumã e, com jeitinho, conseguiu aprisionar lá dentro o Juma. Mas antes cortou uma das unhas do monstro, para mostrar ao povo Mawé sua grande façanha.

Depois disso retornou à aldeia. Lá, seus parentes aguardavam ansiosos e, ao vê-lo, ficaram alegres e começaram a organizar uma grande festa. Pegaram muita caça, muito peixe... Tinha tarubá e sapó. O povo Mawé, muito feliz, dançou e cantou, pois a partir daquele dia estavam livres do Juma. A grande festa durou cinco luas.

A morte de Awyató-pót

Awyató-pót tornou-se, enfim, o grande tuxaua das onças.

Casou com uma moça Mawé faceira, de olhos da cor da noite. Para casar, teve que roubá-la de sua casa numa noite de lua cheia, pois os pais dela eram muito bravos. Mas ele deu um jeito e, sem perceberem, colocou a cunhãporanga em sua canoa e foram morar na cabeceira do Rio Andirá.

Depois de muito tempo os dois tiveram uma linda filha, Ywerói, que cresceu e se tornou uma mulher linda, mais linda que a mãe, a esposa amada de Awyató-pót que morreu mordida por uma cobra surucucu. O tuxaua das onças sofreu muito. Ficou muitas luas sentado embaixo de um marimarizeiro olhando o tempo passar, sem vontade para nada, apenas se lembrando de sua amada.

A filha de Awyató-pót cuidou dele e o fez voltar para casa. Assim, ele decidiu sair daquele sofrimento e voltou a viver normalmente. Foi nessa época que começou a sentir muito ciúme de sua filha. Não deixava ela se casar com ninguém. Queria que ficasse sempre perto dele, embalando sua rede e catando seus piolhos; por isso, todos que vinham pedir a mão dela eram trancados em um quarto escuro, e nunca mais saíam de lá.

O sapo O'ók, apaixonado pela filha de Awyató-pót, procurou a avó e disse:

— Minha avó! Há muito tempo a senhora sabe que eu gosto de Ywerói, a filha do tuxaua das onças... Vou até a casa dela para pedir a mão da moça em casamento. Não aguento mais esta solidão, quero me casar e ter muitos filhos com ela. Então, gostaria de receber sua bênção.

A avó pegou nas mãos dele, olhou bem em seus olhos e disse:

— Não, meu neto querido, não vá. Você sabe que todos que entram naquela casa para pedir a mão de Ywerói nunca mais saem de lá.

Mas o sapo não desistiu, porque estava perdidamente apaixonado pela moça, e queria casar com ela a qualquer custo... Não poderia sucumbir ao medo e disse para sua avó:

— Minha avó querida, a senhora sabe que sou muito esperto, herdei isso da senhora. Mesmo sabendo que Awyató-pót tranca os pretendentes de sua filha em um quarto escuro, eu não vou desistir. Ele não vai conseguir me pegar, vou enganá-lo, a senhora vai ver.

Sabendo que o neto era teimoso, não insistiu. Achou melhor dar a bênção, para que assim ele pudesse ir protegido pelos espíritos bons da floresta.

O sapo O'ók foi embora, coaxando pelo caminho para atrair sorte, pois ia precisar de muita para vencer o tuxaua das onças. E, quando chegou bem na frente da casa, gritou:

— Ô de casa!

Lá de dentro, veio uma voz forte como o trovão:

– Opa, quem está aí? – era a voz do pai de Ywerói, que já tinha se posicionado em um lugar estratégico de sua casa para prender o pretendente da filha.

– Sou eu, o sapo O'ók... Vim pedir a mão de sua filha, o senhor me dá?

O tuxaua das onças respondeu:

– Sim, eu te dou. Pode entrar, ela está esperando lá no quarto dos fundos.

Mas o sapo O'ók, que era esperto, e já imaginava as artimanhas de Awyató-pót, não entrou e disse:

– Não! Vou esperar aqui do lado de fora.

Ficou ali, imaginando uma forma de lograr o grande tuxaua. Depois de muito tempo, teve uma ideia. Chamou seu amigo Vento, que soprou bem forte levantando a cobertura do quarto de Ywerói, e aí aproveitou e pulou dentro do quarto da moça.

Quando Awyató-pót se deu conta, o sapo já estava no quarto da filha, e isso o deixou admirado. Então, perguntou:

– Me diga! Por onde é que você entrou, que eu não vi?

– Entrei pela porta da frente. É que você é velho, cego e não consegue ver as coisas direito. Sou mais esperto que o senhor. Não tem poder contra as minhas artes – disse o sapo.

O tuxaua das onças, então, falou:

– Isso é o que vamos ver!

Mas ele teve que se conformar, e ficou todo amuado, imaginando um jeito de prender o sapo no quarto escuro. "Esse nunca mais vai sair de lá", pensava.

O sapo O'ók ficou no quarto com Ywerói, e os dois brincaram a noite toda.

No dia seguinte bem cedo, Awyató-pót acordou para aguardar o espertalhão sair do quarto de sua filha, a fim de colocá-lo na prisão. O sapo O'ók chamou seu amigo Vento, que novamente soprou em cima do quarto de Ywerói, e de um só pulo ele foi parar lá fora. Quando o tuxaua das onças percebeu, ele já estava em frente de sua casa. Magoado, falou:

— Como foi que você foi parar aí fora?

O sapo falou:

— Saí pela porta da frente. Já disse que o senhor está velho, não consegue ver nada. Sou muito esperto, nunca vai conseguir me prender no quarto escuro.

Awyató-pót ficou furioso, e bem baixinho disse que ia arrumar um jeito de trancar aquele sapo danado. Então, disse:

— Já que é meu genro, quero que pegue uns pássaros para eu comer, pois eles estão devorando minhas bacabas. Suba na bacabeira, agarre um por um e jogue para mim.

A ideia do tuxaua das onças era amarrar o sapo assim que ele estivesse descendo da bacabeira. O sapo esperto, já supondo a ideia do sogro, logo pensou numa forma de fugir. Subiu na palmeira e, quando estava lá em cima, fez um papagaio com breu. Lá de baixo, o tuxaua das onças gritou:

— Jogue o pássaro que está em suas mãos, quero comê-lo!

O'ók disse:

– Cuidado, segure ele com força para não fugir!

Awyató-pót segurou com tanta força que suas mãos ficaram grudadas no pássaro de breu. Mais que depressa o sapo O'ók amarrou o velho tuxaua das onças e o jogou dentro do igarapé, e, como ele estava todo preso, morreu afogado. Seu corpo se transformou em um grande jacaré-açu, que gosta dos igapós e lagos.

O'ók voltou para a casa do ex-sogro, pegou Ywerói, arrumou suas coisas e foi viver do outro lado do grande rio com sua amada. Quando o primeiro filho deles nasceu, o menino chorou muito alto; por causa disso, deu-lhe o nome de Awyató--pót, para lembrar como era bravo o avô do curumim que acabava de nascer.

Glossário

ANDIRÁ: rio de águas esverdeadas em cuja margem vive o povo Mawé.

BACABEIRA: palmeira da floresta Amazônica, cujo fruto (bacaba) o povo Mawé utiliza para fazer um vinho delicioso.

CANINANA: cobra brava sem veneno.

CUNHÃPORANGA: mulher mais bonita da tribo.

CURUMIM: menino.

CUTIMBOIA: cobra brava sem veneno.

INHAMBÉ: cipó da floresta Amazônica.

JENIPAPO: fruta que os Mawés utilizam para pintar seus corpos.

MARIMARIZEIRO: fruta comestível da floresta Amazônica.

PAINY: pajé.

PANEIRO: cesto feito de cipó que os índios utilizam para carregar objetos.

PAXIÚBA: palmeira da floresta Amazônica.

PEQUIZEIRO: árvore frutífera, cujo fruto (pequi) de sabor exótico os índios gostam muito.

KISÉ: terçado.

SAPÓ: bebida preparada com guaraná ralado.

SURUCUCU: cobra venenosa.

TARUBÁ: bebida fermentada dos Mawés.

TUXAUA: líder máximo da tribo.

TUPANA: Deus criador.

UIXIZEIRO: árvore frutífera da Amazônia.